AF245253

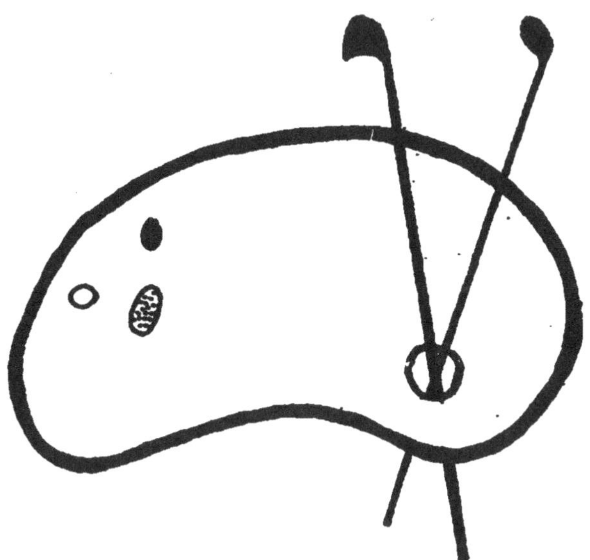

DEBUT D'UNE SERIE DE DOCUMENTS
EN COULEUR

8° R
14946
(305)

LE
CONCORDAT DE 1801

ETUDE HISTORIQUE ET JURIDIQUE

PAR

L'abbé Lucien CROUZIL

Docteur en droit,
Docteur en droit canonique,
Professeur à l'Institut catholique de Toulouse.

PARIS
LIBRAIRIE BLOUD ET Cie
4, RUE MADAME ET RUE DE RENNES, 59
1904

Tous droits réservés.

SCIENCE ET RELIGION

Études pour le temps présent. — Prix 0 fr. 60 le vol.

238 **Une loi injuste oblige-t-elle en conscience ?** par A. BELAN-
GER... 1 vol.

239 240 **L'Immaculée-Conception.** *Courte histoire d'un dogme*, par
Xavier-Marie LE BACHELET, S. J.   2 vol. Prix : 1 fr. 20

241 **L'Etat, sa nature et ses fonctions,** par le R. P. CALMES 1 vol.

242 243 **Les conditions modernes de l'accord entre la Foi et
la Raison,** par M. l'abbé de Broglie, avec préface par le R. P. LAR-
GENT... 2 vol. Prix : 1 fr. 20

244 **La Primauté de l'évêque de Rome dans les trois premiers
siècles,** par V. ERMONI................................... 1 vol.

245 **Du Mensonge proprement dit et du Droit à la Vérité,** par
un PROFESSEUR DE THÉOLOGIE................................. 1 vol.

246 *Un Etat dans l'Etat :* **Les Protestants français sous
Henri IV,** par Joseph DENAIS-DARNAYS............... 1 vol.

247 *Questions de Droit civil et ecclésiastique.* **De la Location des
sièges d'église,** par l'abbé Lucien CROUZIL.......... 1 vol.

248 *Histoire du Credo.* **Le Symbole des Apôtres,** par V. ER-
MONI.. 1 vol.

249 **Le Catholicisme en Russie,** par I. L. GONDAL....... 1 vol.

250 **Les Instructions secrètes des Jésuites.** *Etude critique,* par
le R. P. BERNARD, S. J................................... 1 vol.

251 **L'Abstention religieuse dans le temps présent,** par le Chanoine R. PLANEIX .... 1 vol.

252 **La Christianisation des Foules.** *Etude sur la fin du paga-
nisme populaire et sur le culte des Saints,* par Albert DUFOURCQ,
professeur chargé de Cours à l'Université de Bordeaux, docteur ès
lettres... 1 vol.

253 **La Charité aux premiers siècles du Christianisme,** par
André BAUDRILLART, Agrégé de l'Université.............. 1 vol.

254 **La Dépopulation en France : ses causes et ses remèdes,**
d'après les travaux les plus récents, par Henry CLÉMENT.   1 vol.

255 *Les Grands Philosophes.* **Auguste Comte,** sa vie et sa doctrine,
par Michel SALOMON..................................... 1 vol.

256 *Les Erreurs du Protestantisme.* — **Luthériens et Grecs-
Orthodoxes,** par Dom Paul RENAUDIN. O. S. B........ 1 vol.

257 **La Famille fait l'Etat.** *Etude sur la formation de la société
antique et de la société moderne,* par Frantz FUNCK BREN-
TANO.. 1 vol.

258 *Du même auteur :* **Grandeur et Décadence des Aristo-
craties**.. 1 vol.

259 *Du même auteur :* **Grandeur et Décadence des classes
moyennes**.. 1 vol.

260 261 **La Persécution religieuse en Allemagne** (1872-1879), par
le R. P. BERNARD, S. J. 2 volumes in-12, prix : 1 fr. 20.
Chaque volume se vend séparément.

I. *Les Congrégations*................................... 1 vol.

II. *Le Clergé et les Catholiques*....................... 1 vol.

262 *Les Ordres Religieux Contemporains.* — **Les Salésiens.
L'Œuvre de Dom Bosco,** par le comte FLEURY........ 1 vol.

263 **Le Renouvellement intellectuel du Clergé au XIX⁰ siècle.
— Les Hommes. — Les Institutions,** par le R. P. Alfred BAU-
DRILLART, professeur à l'Institut catholique de Paris.... 1 vol.

264 *Études de sociologie :* **Le Salaire,** par L. GARRIGUET, supérieur
du grand séminaire d'Avignon.......................... 1 vol.

Imp. des Orph.-Appr. d'Auteuil. F. Blétit, 40, rue La Fontaine, Paris.

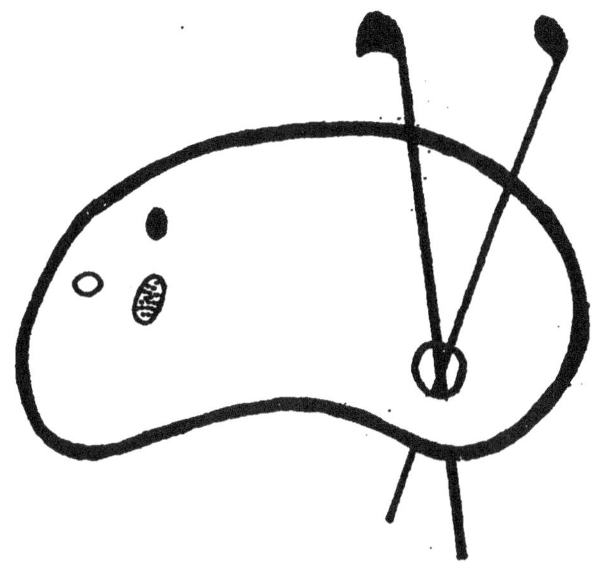

FIN D'UNE SERIE DE DOCUMENTS
EN COULEUR

SCIENCE ET RELIGION
Études pour le temps présent

LE
CONCORDAT DE 1801

ÉTUDE HISTORIQUE ET JURIDIQUE

PAR

L'abbé Lucien CROUZIL

Docteur en droit,
Docteur en droit canonique,
Professeur à l'Institut catholique de Toulouse.

PARIS
LIBRAIRIE BLOUD ET Cie

4, RUE MADAME ET RUE DE RENNES, 59
1904

—

Tous droits réservés.

AVANT-PROPOS

L'ouvrage que nous présentons au public est trop restreint pour traiter d'une manière bien complète ou pour exposer sous une forme bien nouvelle un sujet aussi étudié que le Concordat de 1801. Tout est dit, semble-t-il, sur cette matière, surtout depuis que les remarquables travaux du cardinal Mathieu et du Père Rinieri ont heureusement complété les documents publiés par M. Boulay de la Meurthe, ou rajeuni les travaux de Léon Séché, d'Haussonville, Theiner et autres, restés classiques jusqu'à ce jour.

Mais si notre opuscule n'a pas l'attrait de l'inédit, s'il n'a aucune prétention à être une étude érudite, il aura peut-être cet avantage d'être utile à beaucoup de personnes qui, désirant avoir des idées nettes sur le Concordat, n'ont pas le loisir de lire les gros livres où sont exposées tout au long son histoire et son analyse juridique.

Pour satisfaire au désir de ces personnes, nombreuses sans doute, car le Concordat est une charte de liberté religieuse pour les catholiques français et à ce titre les intéresse tous, il nous a paru bon d'en faire un commentaire bref et simple, dégagé de toute discussion savante et de tout développement inutile. Et comme les éditeurs de la Collection *Science et Religion* ont réservé une série spéciale aux questions de droit civil ecclésiastique, la place de ce commentaire nous y a paru toute marquée.

L. C.

LE CONCORDAT DE 1801

CHAPITRE PREMIER

Historique.

§ 1. — Avant 1789 les rapports de l'Eglise et de l'Etat en France étaient régis par le Concordat de 1516 conclu entre le pape Léon X et François Ier. Sous ce régime, l'Eglise et l'Etat vécurent unis pendant près de trois siècles : le roi protégeait le culte, gardait et exécutait les saints canons, assurait le respect de la discipline ecclésiastique et en revanche, le clergé, très inféodé à la royauté, était le plus ferme soutien du trône. Ce n'est pas à dire que tout se passât comme dans le meilleur des mondes ; bien souvent l'Etat empiétait sur les droits de l'Eglise, bien souvent les rois de France ne surent pas faire la distinction entre le *tien* et le *mien* qui gênait leur principe d'absolutisme et il est presque inutile de rappeler ici combien Louis XIV, par exemple, en prenait à son aise à l'égard des droits du Pape et des biens du clergé (1) : l'on peut dire néanmoins qu'il y eut union intime des deux puissances, jusqu'à la veille de la Révolution française (2).

(1) Consulter notamment les *Œuvres de Louis XIV. Mémoires historiques et instructions pour le Dauphin*, tome II, p. 121 et 122 (Paris, 1806.)

(2) V. sur cette question, entre autres ouvrages : Gibert, *Institutions ecclésiastiques et bénéficiales suivant les principes du droit canonique et les usages de France* (1720) ;

La Révolution française brisa cette union ; le catholicisme cessa d'être la religion dominante, le clergé ne fut plus un ordre privilégié dans la nation, la séparation entre l'Eglise et l'Etat peu à peu s'accentua et eût été bientôt complète si le pouvoir civil n'eût prétendu dominer l'Eglise et se l'assujettir. Il affirma et voulut réaliser cette prétention le 12 juillet 1790, par la fameuse *Constitution civile du Clergé*. Désormais les curés et les évêques devraient être élus par les corps électoraux chargés de nommer les membres des Assemblées de district ou de département, qu'ils fussent composés de catholiques ou non ; les nouveaux évêques ne devaient plus s'adresser à Rome pour obtenir l'institution canonique, tous les ecclésiastiques, en qualité de fonctionnaires publics, étaient astreints à prêter serment de fidélité à cette constitution manifestement schismatique (décret du 25 novembre 1790).

Presque tous les évêques et la plupart des prêtres refusèrent de prêter ce serment ; l'on vit alors le clergé de France divisé en deux camps, celui des *jureurs* ou *assermentés*, seuls reconnus par l'Etat, et celui des *réfractaires* ou *insermentés*, fidèles à Rome : ces derniers exerçaient secrètement le culte dans les maisons particulières ou dans les bois ; ils furent suivis par la grande masse des vrais catholiques.

Raudot, *La France avant la Révolution* (1841) ; Guettée, *Histoire de l'Eglise de France* (1847-1857), t. XI et XII ; E. de Pressensé, *L'Eglise et la Révolution française* (1864); Taine, *L'Ancien Régime* (1876) ; Chassin, *Les Cahiers des Curés* (1882) ; A. de Tocqueville, *L'Ancien Régime et la Révolution* (1860); Elie Méric, *Le clergé de France sous l'ancien Régime* (1890), etc...

Nous ne voulons pas insister sur la période de persécutions violentes qui s'ouvrit dès le lendemain de la Constitution civile du clergé ; la persécution atteignit d'abord les prêtres réfractaires, mais elle s'étendit bientôt à tous, même aux assermentés. Par un décret du 27 mai 1792, l'Assemblée législative déclara passibles de la déportation, si elle était demandée par vingt citoyens, les prêtres qui refuseraient de prêter le serment civique ; la Convention, à son tour, par un décret du 21 avril 1793, prescrivit l'embarquement et le transfert sans délai des prêtres insermentés à la Guyane Française et décida que ceux qui les recéleraient seraient condamnés à la peine de mort. Mais il est inutile d'entrer ici dans le détail de ces textes et d'autres semblables où la légalité couvrait les pires injustices ; nous résumerons mieux l'histoire de la période qui s'ouvrit alors en disant que ce fut un temps d'atrocités sans nombre, où l'arbitraire était la seule règle et où l'impiété triompha un instant par le régime du massacre et de l'échafaud. Je passerai donc sur ce qui concerne la proclamation du culte de la Raison et du culte de l'Etre suprême, sur les vandalismes et sur les sacrilèges de ces années d'incompréhensible folie : la Révolution ne se départit de ses rigueurs qu'à la fin du Directoire ou au début du Consulat (1).

(1) Sur l'histoire de cette période voir entre autres ouvrages : Barruel, *Histoire du clergé de France pendant la Révolution* (1794) ; Jager, *Histoire de l'Eglise de France pendant la Révolution* (1852) ; Taine, *La Révolution*, t. I. (1878) ; Méric, *Histoire de M. Emery et de l'Eglise de France pendant la Révolution* (1885) ; Gazier, *Etudes sur l'Histoire religieuse de la Révolution française* (1887) ; Delarc, *L'Eglise de Paris pendant la Révolution* (1895) ; Debi-

En même temps, le peuple, las de dévastations et de sang versé, éprouvait le besoin de revenir à ses pratiques religieuses : un puissant réveil de foi, dès que l'on put entrevoir un peu de liberté, se manifesta dans les villes et dans les campagnes (1). Pour achever cette résurrection il fallait un homme à la main puissante, qui comprît les aspirations populaires et qui fût capable de vaincre, au besoin par la force, toute l'opposition des anciens partis révolutionnaires. Cet homme fut le général Napoléon Bonaparte.

Jeune, populaire parmi les soldats, génie pénétrant, malgré d'inévitables faiblesses, habile politique, ambitieux surtout, il comprit qu'il fallait à tout prix donner la paix aux consciences, il vit très nettement tout le profit que l'Etat pouvait tirer d'une entente avec l'Eglise et l'avantage personnel qui en résulterait, et c'est pourquoi après s'être emparé du pouvoir par un coup d'audace, et après avoir réduit presque tout le monde au silence par le prestige merveilleux que lui donnaient déjà sa volonté de fer et ses nombreuses victoires, il annonça que l'Eglise de France allait enfin être libre et s'occupa de négocier un Concordat avec Pie VII.

Au lieu d'abroger purement et simplement les lois de proscription et de bannissement, tous les textes persécuteurs de l'époque révolutionnaire, au lieu d'établir un régime de liberté civile du culte, Napo-

dour, *Histoire des rapports de l'Eglise et de l'État en France de 1789 à 1870* (1898) ; Sepet, *Six mois d'histoire révolutionnaire* (1903), etc...

(1) V. abbé Sicard, *Les Évêques pendant la Révolution*, t. III *(de l'exil au Concordat)* et la *Revue des Deux Mondes*, 15 juin 1903 (article de M. Georges Goyau).

léon préféra faire entrer l'Eglise dans son plan de centralisation despotique. Ainsi l'Etat nouveau, basé sur les maximes de la Révolution française, sans faire profession, comme l'ancienne monarchie, de la foi catholique, maintenait l'Eglise sous sa main, ce qui semblait tout profit au premier Consul.

Mais en même temps ce Concordat était pour l'Eglise de France un grand bienfait. Non seulement il renouait les relations diplomatiques avec le Saint-Siège, donnait à l'Eglise, dans la France nouvelle, une place officielle, fermait le temps des persécutions, proclamait la liberté du culte et sa protection par l'Etat, mais encore il apprenait au clergé à moins compter sur le pouvoir civil, à moins s'inféoder à telle ou telle politique, à regarder avant tout du côté de Rome. C'était en somme fortifier les liens qui unissaient la France au Saint-Siège, liens que l'ancien gallicanisme avait relâchés, et il y avait là un inappréciable avantage pour l'Eglise, une préparation providentielle aux temps nouveaux dans lesquels elle allait entrer.

§ 2. — Ce ne fut donc pas uniquement le zèle religieux qui porta le général Bonaparte à restaurer en France la religion catholique ; s'il est vrai qu'il eût gardé au fond de son âme un germe de foi, un reste d'esprit chrétien, « quelque chose comme une petite chapelle corse avec sa madone et son crucifix, » il faut convenir, avec le cardinal Mathieu, qu'il n'y faisait pas de fréquentes dévotions. Sans nier qu'il y ait eu dans sa manière d'agir envers l'Eglise autre chose que des préoccupations purement humaines et égoïstes, on peut dire cependant, semble-t-il, qu'il voulut subordonner toutes choses aux vues de sa politique (1).

C'est à son retour d'Egypte, à la veille de Marengo, que Bonaparte sentit qu'il avait la force et le succès voulus pour négocier utilement avec le pontife libéral qui venait d'être élu chef de l'Eglise. Le 30 mai 1800, en passant à Verceil, il faisait les premières ouvertures au cardinal Martiniana, évêque de cette ville ; le 5 juin, au moment de quitter Milan, il réunissait les curés de la ville et dans une allocution qu'il avait recommandé d'imprimer et de répandre, affirmait hautement son intention de maintenir et de protéger la religion catholique, et enfin, peu de jours après Marengo qui venait de consacrer sa gloire, il faisait écrire au pape par le cardinal Martiniana pour lui témoigner son respect, son dévouement et lui communiquer les premières propositions en vue d'un Concordat.

En recevant la lettre de l'évêque de Verceil, le Souverain Pontife en conçut autant d'étonnement que de joie ; malgré toutes les difficultés qu'allait soulever dans le camp de Louis XVIII et dans celui de l'Autriche et de ses alliés, une démarche officielle auprès du premier Consul, le pape fit partir pour Verceil, le 22 septembre, Mgr Spina, archevêque de Corinthe, chargé de faire connaître au cardinal Martiniana les intentions du pape et de le seconder dans ses négociations avec les mandataires du gouvernement français. Mais sur ces entrefaites, Napoléon, qui paraît n'avoir voulu se servir de Martiniana que pour entamer les négociations mais

____

(1) Cf. Debidour. *Histoire des rapports de l'Eglise et de l'Etat en France de 1789 à 1870*, p. 188 s.

n'avoir pas eu plus de confiance en ses talents de
diplomate que n'en avaient Maury et Ghisleri (1),
fit répondre au bon cardinal par Talleyrand qu'il
attendait Spina à Paris. C'était peu correct, mais
Pie VII passa outre et autorisa Spina à partir pour
la France, en compagnie du canoniste Caselli, général des Servites.

Aussitôt après la première entrevue de Mgr Spina
et du premier Consul, celui-ci désigna comme
négociateur du gouvernement français l'abbé
Bernier, ancien curé de Saint-Laud d'Angers, bon
administrateur et habile diplomate, personnage
très contesté au demeurant et dont l'attitude n'a
pas toujours été aussi nette qu'on l'eût souhaité pour
sa renommée (2). Après de très longs pourparlers
qui commencèrent en novembre 1800 et qui durèrent
plus de six mois, un premier projet fut envoyé au
pape pour servir de base à un examen détaillé des
cardinaux ; en même temps le membre du corps
législatif F. Cacault partait pour Rome avec la
mission de mener l'affaire à bonne fin et la recom-
mandation de traiter le pape comme s'il avait une
armée de deux cent mille hommes.

Saint François de Sales écrivait de Rome jadis :
« Rien ne se fait ici qui n'ait été pesé et contre-pesé
par MM. les Cardinaux. » Cette observation a
toujours été juste, le Sacré Collège a l'habitude de
mûrir lentement ses décisions ou ses démarches.
La commission des Cardinaux chargée d'examiner

(1) Maury disait : « Il n'a pas de tête, » et Ghisleri : « Ses
intentions étaient aussi pures que son esprit était borné. »

(2) Pour la bibliographie de l'*Histoire du Concordat*
voir ci-après les ouvrages cités au début du chapitre ii.

le projet du premier Consul se mit donc à l'œuvre avec ardeur mais aussi avec une lenteur prudente (1) qui exaspéra Bonaparte. Dès que le contre-projet fut prêt, on l'envoya en France, mais sur ces entrefaites, avant l'arrivée à Paris du courrier qui l'apportait, Talleyrand écrivait à Cacault : « Si des changements nous sont proposés et que le délai (de cinq jours) expire, vous annoncerez au Saint-Siège que votre présence à Rome devenant inutile à l'objet de votre mission, vous vous voyez obligé à regret de vous rendre à Florence. Vous ne donnerez pas à cette déclaration les formes d'une menace, mais vous en laisserez tirer toutes les conséquences qu'on voudra (2). »

Or le courrier, porteur du contre-projet, était parti de Rome quelques jours auparavant, le 13 mai, et la rédaction du Saint-Siège différait quelque peu de celle du gouvernement français : Que devait faire Cacault ? C'était un breton honnête, et personnellement très dévoué autant au Saint-Siège qu'à Bonaparte ; il pensa que le premier Consul était déjà en possession du contre-projet romain, qu'il en était fort satisfait et c'est pourquoi il s'arrêta à une *combinazione* qui sauva la situation. Tout en lançant un *ultimatum* au Saint-Siège, conformément aux instructions du gouvernement français, *ultimatum* auquel le pape répondit d'ailleurs par un refus net et décisif, il persuada au Souverain Pontife d'envoyer à Paris son secrétaire

----

(1) Le projet avait d'abord été examiné par une commission composée des cardinaux Antonelli, Carandini et Gerdil.

(2) Talleyrand à Cacault, lettre du 20 floréal an XII, (mai 1801).

d'État, le cardinal Consalvi en personne, pour y traiter auprès du premier Consul de la grande affaire du Concordat et dissiper tous les malentendus. Pie VII, Consalvi et les cardinaux acceptèrent cette tactique comme un suprême moyen de salut et c'est pourquoi, tandis que Cacault faisait rester à Rome un secrétaire d'ambassade pour maintenir un lien diplomatique avec le Saint-Siège et ne laisser croire à personne que le gouvernement français fût en désaccord avec le pape, il partit pour Florence, à l'étonnement général, dans la voiture même qui conduisait Consalvi en France.

Consalvi fut bien reçu par Bonaparte qui, ainsi que l'avait prévu Cacault, fut très flatté par cette démarche ; le premier Consul déclara néanmoins au secrétaire d'État de Pie VII qu'il fallait se mettre au travail sans délai et que le Concordat devait être signé dans cinq jours.

Les négociations, dans le détail desquelles nous ne pouvons entrer, recommencèrent aussitôt ; ce n'est qu'après de très longs pourparlers et des remaniements nombreux qu'on parvint à se mettre d'accord sur un texte. Tout semblait fini, l'on était prêt pour la signature, lorsqu'une nouvelle ruse du premier Consul remit tout en question : Bonaparte fit, en effet, présenter à Consalvi, à la dernière heure, un nouveau projet dans lequel les principales concessions faites par le gouvernement et obtenues au prix de tant de peines, étaient retirées (1). On recommença donc de nouveau la lutte

(1) Nous devons savoir un grand gré à S. Em. le cardinal Mathieu et au R. P. Rinieri d'avoir établi, une fois pour toutes (sauf en ce qui concerne un passage), l'authenticité

et ce n'est qu'après des séances aussi longues que pénibles qu'enfin le Concordat fut signé par Consalvi, Mgr Spina et le Père Caselli, au nom du Saint-Siège ; par Joseph Bonaparte, le conseiller d'Etat Crétet et l'abbé Bernier au nom du gouvernement français. Les ratifications des deux gouvernements furent données sans de sérieuses difficultés et le cardinal Caprara fut envoyé à Paris, en qualité de légat muni de pleins pouvoirs pour y exécuter la convention qui venait d'être arrêtée au prix de tant d'efforts.

Pendant quelque temps les relations entre le gouvernement français et le Saint-Siège furent des plus cordiales, mais cette lune de miel ne devait pas longtemps durer ; bientôt après devait être promulguée la loi organique de 18 germinal an X, « plante parasite née au pied du Concordat », dit M. Emile Ollivier, qui en ressuscitant beaucoup de prétentions de l'ancien gallicanisme, allait ruiner pour une bonne part les espérances que l'Eglise avait fondées sur la convention de messidor.

des *Mémoires* de Consalvi, qui donnent de cet incident une version assez différente. Déjà, d'ailleurs, Crétineau-Joly, répondant au P. Theiner, avait publié en fac-similé un fragment important des *Mémoires*, ce qui ne permettait plus de douter de leur authenticité. V. Crétineau Joly, *Bonaparte, le Concordat de 1801 et le cardinal Consalvi*, p. 80.

CHAPITRE II

Commentaire du Concordat (1).

PRÉAMBULE. — *Le gouvernement de la République reconnaît que la religion catholique, apostolique et romaine est la religion de la grande majorité du peuple français.*

Sa Sainteté reconnaît également que cette même religion a retiré et attend encore en ce moment le plus grand bien et le plus grand éclat de l'établissement du culte catholique en France et de la profession particulière qu'en font les Consuls de la République.

En conséquence, d'après cette reconnaissance

(1) Jauffret. — *Mémoires historiques sur les affaires ecclésiastiques de France pendant les premières années du XIXe siècle* (3 vol.) ; — De Pradt, *Les Quatre Concordats* (1818-1820) ; — Artaud, *Histoire du pape Pie VII* ; — Portalis, *Discours, rapports et travaux inédits sur le Concordat* (1845) ; — Thiers, *Histoire du Consulat* ; — Consalvi, *Mémoires* (1864) ; — d'Haussonville, *L'Eglise romaine et le premier Empire* (1868) ; — Theiner, *Histoire des deux Concordats de la République française* (1875) ; — Boulay de la Meurthe, *Documents sur la négociation du Concordat et sur les autres rapports de la France avec le Saint-Siège* (1891-1897) ; — Léon Séché, *Les Origines du Concordat* (s. d.) ; — Cardinal Mathieu, *Le Concordat de 1801* (1903) ; — P. Rinieri, *La diplomatie pontificale au XIXe siècle* (traduction de l'abbé Verdier), 1er vol. (1903) ; etc...

mutuelle, tant pour le bien de la religion que pour le maintien de la tranquillité intérieure, ils sont convenus de ce qui suit :

Le cardinal Consalvi avait proposé, pour ce préambule, la rédaction suivante : « Le gouvernement de la République française reconnaît que la religion catholique, apostolique et romaine est la religion de la grande majorité des citoyens français.

« Sa Sainteté reconnaît également que c'est de l'établissement du culte catholique en France et de la profession particulière qu'en fait le gouvernement actuel que cette même religion a retiré et attend encore en ce moment le plus grand bien et le plus grand éclat (1). »

Ce projet différait en deux points de la rédaction définitive : 1° Consalvi parle d'une profession particulière du culte catholique faite par le *gouvernement.* Bonaparte ne voulut pas d'une profession de foi aussi officielle. C'est pourquoi il fit répondre à Consalvi par Bernier (2) : « J'ai communiqué au premier Consul, aujourd'hui 18 messidor, votre note officielle du 15 et le projet y joint. Il me charge de faire à Votre Eminence de nouvelles observations. Elles sont courtes et n'auront de rapport qu'au légitime exercice de son pouvoir qu'il craint d'excéder, comme Votre Eminence redoute également d'aller au delà des siens. Il est né catholique, il veut vivre et mourir dans cette religion. Il consent à signer un traité dans lequel Sa Sainteté reconnaitra son catho-

(1) V. Cardinal Mathieu, *Le Concordat de 1801*, p. 231.
(2) Bernier à Consalvi, 7 juillet 1801.

licisme, mais il ne peut pas souscrire, au nom de tous les membres qui forment le gouvernement, cette déclaration essentiellement personnelle, il désire donc qu'après ces mots : *la profession qu'en fait,* on substitue dans le préambule ceux-ci : *le premier Consul actuel.* Ce changement doit vous être indifférent puisqu'il est incontestable que dans tous les traités, le premier Consul représente le gouvernement. » Consalvi répondit le 11 juillet en disant que le mot *gouvernement* pouvait parfaitement être maintenu, qu'on ne pouvait comprendre sous cette dénomination toutes les autorités constituées, parce que le titre IV de la Constitution désignait par le mot *gouvernement* les trois Consuls de la République : « Le soussigné vous prie d'observer qu'au titre IV de la Constitution, il est établi, que sous le nom de *gouvernement,* on n'entend que les trois Consuls de la République ; ce mot ne peut donc s'entendre que d'eux et Sa Sainteté n'entend pas l'étendre à d'autres.

« Les deux autres Consuls, selon vous, ne trouvent, non plus que le premier, aucune difficulté à ce que le Pape reconnaisse leur catholicisme et qu'il exalte les avantages et le lustre qui en reviendront à la religion. Il semble donc qu'il ne peut y avoir aucun obstacle à conserver le mot *gouvernement* que Sa Sainteté a employé, et le soussigné ne se croirait pas autorisé à le changer, sur le motif surtout que le Saint-Père a désiré que la reconnaissance du catholicisme tombât sur l'union, en cette profession, du gouvernement français avec lequel on stipule le traité.

« Néanmoins pour ôter tout doute que le mot *gouvernement* puisse être étendu à plusieurs classes de personnes, le soussigné propose d'employer cette expression : le *gouvernement en la personne des Consuls* et ainsi le mot *gouvernement* recevra d'une manière plus claire et plus précise, la seule interprétation que lui donne la Constitution. »

Finalement on adopta un moyen terme, il ne fut plus question, comme le voulait Consalvi dans son projet, de la profession particulière du culte catholique que faisait le *gouvernement* actuel de la République, mais de la profession particulière qu'en faisaient les *Consuls de la République,* c'est-à-dire aux termes de la Constitution, le gouvernement français lui-même. Sur ce point, la fermeté de Consalvi aboutit à une victoire.

2º Le projet de Consalvi portait que la religion catholique attendait et avait retiré le plus grand bien et le plus grand éclat de l'établissement du culte catholique en France et de la profession qu'en faisaient les premiers Consuls. On jugea, vraisemblablement, que ces paroles étaient de nature à mécontenter d'autres nations, car celles-ci pouvaient y voir une sorte de prix d'excellence donné à la France et c'est pourquoi on les remplaça par la formule plus modeste qui se trouve dans le texte définitif.

ARTICLE 1er. — *La religion catholique, apostolique et romaine sera librement exercée en France. Son culte sera public, en se conformant aux règlements de police que le gouvernement jugera nécessaires pour la tranquillité publique.*

Ainsi qu'on le remarque dans ce premier article, le cardinal Consalvi, qui sur ce point obtint encore gain de cause, sépara fort habilement la *liberté* de la religion de la publicité du culte, afin que la première restât entière et hors d'atteinte alors même que la seconde subirait quelque restriction.

D'après cet article la religion catholique, apostolique et romaine doit être *librement* exercée en France ; l'Eglise catholique doit donc être libre dans son organisation, libre dans sa prédication et dans son enseignement, libre dans sa discipline, dans ses ministres, dans le droit d'acquérir les biens nécessaires à l'accomplissement de sa mission. Elle n'est plus, comme sous l'ancien régime, intimement alliée à l'Etat, elle n'est plus l'Eglise de l'Etat, la séparation du temporel et du spirituel s'est effectuée et la religion catholique n'est plus considérée, ainsi que le dit le préambule, que comme la religion de la grande majorité des Français ; mais en revanche, si l'on donne toute leur valeur aux mots du texte, elle est entièrement libre, elle n'a plus à craindre d'empiètements, de tutelle gênante et les entraves de toutes sortes, qui étaient les faits du gallicanisme.

L'article premier poursuit : *son culte sera public ;* c'est-à-dire que ce culte ne s'exercera pas seulement dans l'intérieur des églises et des chapelles, mais aussi, lorsque le clergé le jugera utile, en plein air, dans les rues et sur les places publiques. On pourra donc faire des cérémonies extérieures, organiser des processions, porter solennellement le saint Viatique aux malades, donner des bénédictions à la foule en dehors de l'église... Ces manifestations sont consacrées par une longue tradition et marquent que le culte doit être universel, que l'adoration doit être partout rendue à Dieu, elles sont aussi un signe de la catholicité de l'Église (1). Cette liberté, il n'est pas étonnant que le Concordat nous la reconnaisse et nous la garantisse alors que les catholiques en jouissent dans des contrées où le protestantisme est la religion de la grande majorité des habitants : c'est ainsi qu'en Angleterre, à Londres même, les catholiques organisent des processions extérieures qui ne rencontrent sur leur chemin que des témoignages de respect et de sympathie, c'est ainsi qu'à Christiania, en plein pays luthérien, les catholiques font librement la procession de la Fête-Dieu et que les protestants eux-mêmes leur apportent des fleurs pour orner leurs reposoirs ; c'est ainsi qu'en Hollande dont la population est en grande partie calviniste, il y a, dans beaucoup de paroisses, des processions tous les dimanches (2). N'est-il pas juste qu'en France, pays catholique, nous possédions la même liberté ?

Une très importante restriction apparaît cependant dans la suite de l'article 1er : « *Son culte sera public, en se conformant aux règlements de police que le gouvernement jugera nécessaires pour la tranquillité publique.* » Ainsi donc, lorsque le gouvernement jugera nécessaire d'interdire une cérémonie extérieure du culte, comme de nature à compromettre la tranquillité publique, il pourra le

(1) V. sur ce sujet notre ouvrage *La publicité du culte catholique*. Paris, Bloud, 1904. (Collection *Science et Religion*.)

(2) Voir notre ouvrage *Le Catholicisme dans les pays scandinaves* (2 vol., Collection *Science et Religion*), et notre article de la *Revue du Clergé français* du 1er mai 1903, sur la situation légale du catholicisme en Hollande.

faire par mesure de police. Ce ne fut pas sans de grandes difficultés que l'on arriva à cette rédaction de l'article 1ᵉʳ. Le 11 juillet 1801, Bernier écrivait au cardinal Consalvi : « (Le premier Consul) m'a déclaré qu'il consentait à l'insertion du mot *publiquement* dans le premier article, mais qu'il voulait expressément qu'on y ajoutât les suivants : *en se conformant aux règlements de police que le gouvernement jugera nécessaire de faire.* Je suis chargé en même temps d'ajouter que, par cette clause, le gouvernement ne prétend pas s'attribuer un nouveau droit ni enchaîner l'*exercice extérieur* de la religion qu'il professe lui-même, il veut seulement céder aux circonstances ce que la nécessité lui prescrit et ne pas s'obliger indéfiniment au delà de ce qu'il peut faire.

« Si des temps plus heureux, si des circonstances moins pénibles lui permettent de donner à la religion, dans tous les lieux, la splendeur et l'éclat qu'elle mérite, il saisira cette occasion avec empressement. Ces mesures de police ne sont que des moyens dictés par la prudence ; s'il les oubliait, il trahirait ses devoirs et compromettrait par là même le succès de la négociation.

« Ce n'est pas à la suite d'une terrible révolution que l'on peut calmer tout, pour les hommes, dans le même instant et relativement à tous les pays ; il faut que les moyens que l'on prend pour y parvenir soient réglés d'après l'état actuel des choses, sans prétendre faire des mesures édictées pour le moment une obligation pour l'avenir. A mesure que la religion reprendra son empire en épurant les mœurs, le gouvernement qui la protège ne lui offrira plus le lien cruel des circonstances, mais l'amour et la liberté qu'elle garantit à tous ; en un mot, il veut pouvoir faire, sans contradiction, ce que les circonstances nécessitent, mais il déclare qu'il ne se servira jamais de ces mêmes circonstances pour imposer à l'Eglise un nouveau joug et s'attribuer un nouveau droit lorsqu'elles seront sagement écartées (1). »

Ainsi que le fait remarquer le cardinal Mathieu, il y a dans ces lignes une déclaration officielle d'après laquelle les restrictions à la publicité du culte ne porteraient que sur les cérémonies extérieures, qu'elles tenaient aux circonstances et qu'elles cesseraient un jour (2). Cette déclaration est à retenir, car malgré le changement survenu quelques jours plus tard dans la rédaction de l'article premier, elle conserve aujourd'hui encore toute sa valeur.

Le cardinal Consalvi prit acte des explications données par Bernier au nom du gouvernement dans une note qui ferma la série des communications officielles échangées avant la signature du Concordat : « Le soussigné, disait-il, voit par votre note que, quant au premier article, le gouvernement n'adhère pas au projet du Bref (3), mais qu'il propose plutôt une nouvelle rédaction de ce même article.

« Cette circonstance et la déclaration officielle que

(1) V. Cardinal Mathieu, *Le Concordat de 1801*, p. 237, s.

(2) V. dans ce même sens la note de Bernier à Consalvi, 7 juillet 1801, dans Rinieri, *op. cit.*, p. 586.

(3) Consalvi avait promis un Bref plein de louanges pour le gouvernement et reconnaissant la limitation de la publicité du culte, qui était imposée par les circonstances.

vous faites, dans votre note, du véritable objet que se propose le gouvernement et du sens qu'il prétend donner aux paroles à ajouter à la suite de celles-ci : *son culte sera public,* auquel culte on n'entend point mettre une restriction générale et perpétuelle, mais on veut que, pour l'exercer publiquement, on se conforme aux règlements de police que les circonstances peuvent rendre nécessaires ; toutes ces considérations, dis-je, tranquillisent le soussigné et le font adhérer aux désirs du gouvernement, en admettant, dans le projet, la rédaction du premier article dans les termes exprimés dans la note ci-jointe. » Cette note, écrite de la main même de Consalvi, portait comme rédaction du futur article 1er, les termes suivants : « La religion catholique, apostolique et romaine sera librement exercée en France. Son culte sera public, en se conformant toutefois, vu les circonstances actuelles, aux règlements de police qui seront jugés nécessaires pour la sûreté publique (1). »

Le gouvernement français parut accepter cette rédaction qui lui fut envoyée le 12 juillet au matin, puisqu'il n'adressa à Consalvi aucune note officielle pour y contredire ; qu'au contraire le *Moniteur* portait le 13, au matin : « M. le cardinal Consalvi a réussi dans la mission dont il avait été chargé par le Saint-Père, auprès du gouvernement, » et qu'un arrêté du premier Consul chargea Joseph Bonaparte, Crétet et l'abbé Bernier de conclure et de signer une convention avec les délégués du Saint-Siège.

(1) Card. Mathieu, *op. cit.*, p. 242.

Survint la scène dont nous avons fait mention plus haut : quelques heures avant la signature, on proposa au cardinal un projet tout nouveau qui portait dans son article 1er : «... son culte sera public en se conformant toutefois aux règlements de police que le gouvernement jugera nécessaires. » C'était vouloir faire reconnaître par l'Eglise elle-même sa subordination complète à la police du gouvernement et Consalvi ne pouvait accepter un pareil texte. Les négociations recommencèrent donc et ce ne fut qu'après les plus pénibles difficultés que le cardinal fit admettre une restriction importante à la formule du premier Consul, par l'adjonction de ces mots : *pour la tranquillité publique.* « C'était, dit Mgr Mathieu, limiter le champ d'action de la police à un cas unique et bien déterminé, et ne point livrer tout le culte à l'ingérence du gouvernement. Les plénipotentiaires français répondaient que l'addition était inutile parce que la chose allait de soi-même et s'expliquait suffisamment par le mot de *police*, la police étant uniquement destinée à assurer la tranquillité publique et ne pouvant intervenir dans les affaires de la religion. Consalvi répliquait : « Quelle difficulté et quel mal y a-t-il à le dire avec plus de clarté pour empêcher toute interprétation préjudiciable à l'Eglise ? Si vous êtes de bonne foi, acceptez ma restriction. Si vous la refusez, c'est que vous n'êtes pas de bonne foi (1). » Consalvi enfin l'emporta, et sa rédaction se retrouva dans le texte définitif.

(1) Card. Mathieu, *op. cit.*, p. 260, s. — La traduction latine mitige encore la formule de l'article 1er en employant les termes suivants : *Habita ratione ordinationum quoad politiam.*

Bien que les droits de police du gouvernement aient été ainsi restreints, l'article 1er a servi de fondement à une jurisprudence et à toute une série de pratiques administratives antilibérales. En pratique, c'est le maire qui, dans chaque commune est chargé d'assurer l'ordre et la tranquillité publique et, à ce titre, lorsqu'un maire estime qu'une procession ou une autre manifestation religieuse peut occasionner des troubles et des désordres sur la voie publique, il a le droit de l'interdire par un arrêté. — Il faut reconnaître qu'en un pays comme le nôtre où l'on a une si faible notion de la liberté, c'est là parfois un moyen de protéger le clergé et les fidèles contre des injures et des outrages. Mais bien souvent les maires ont interdit, même d'une manière permanente, les seules processions catholiques, alors qu'ils laissent circuler dans les rues des cortèges de libres-penseurs aussi gênants pour le public.

Si un maire agit avec cette partialité, s'il ne peut invoquer en faveur de son arrêté aucun motif sérieux, comme cet officier municipal qui voulait interdire les processions parce que les voiles blancs des jeunes filles, disait-il, faisaient peur aux chevaux, si un maire, en un mot, agit par esprit de parti et non en vue de la tranquillité publique, il viole le Concordat. Une véritable liberté de conscience demande qu'on ne tienne pas compte des susceptibilités sentimentales de quelques exaltés, elle n'impose pas aux confessions religieuses ou aux opinions philosophiques l'obligation de se dissimuler, elle impose au contraire aux hommes l'obligation de se tolérer réciproquement dans la manifestation paisible des croyances. Or, indépendamment de tout Concordat, cette liberté de conscience n'est-elle pas reconnue à tous les citoyens par la Déclaration des Droits de l'homme ?

En Belgique, l'article 14 de la Constitution de 1831 sauvegarde la liberté du culte public bien mieux que l'article 1ᵉʳ du Concordat français. « La liberté des cultes, dit cet article 14, celle de leur exercice public, ainsi que la liberté de manifester ses opinions en toute matière, sont garanties, sauf la répression des délits commis à l'occasion de l'usage de ces libertés. » Toute mesure préventive serait donc inconstitutionnelle et par suite un bourgmestre ne peut, même temporairement, interdire les processions sur le territoire de sa commune. D'après ce même principe, contrairement à l'article 44 de nos Organiques, les évêques belges peuvent sans aucune intervention du pouvoir civil, autoriser les chapelles des couvents, des établissements d'instruction, des particuliers, etc... Ce qui tombe sous le coup de la loi pénale en Belgique, ce ne sont pas les faits par lesquels on use de la liberté, mais ceux par lesquels on en abuse (1).

ARTICLE 2. — *Il sera fait par le Saint-Siège, de concert avec le gouvernement, une nouvelle circonscription des diocèses français.*

ARTICLE 3. — *Sa Sainteté déclarera aux titulaires des évêchés français qu'Elle attend d'eux, avec une ferme confiance pour le bien de la paix*

(1) V. notre article de la *Revue du Clergé français*, 1ᵉʳ novembre 1903, sur la situation légale du catholicisme en Belgique.

et de l'unité, toute espèce de sacrifices, même celui de leurs sièges.

D'après cette exhortation, s'ils se refusaient à ce sacrifice commandé par le bien de l'Église, refus auquel Sa Sainteté ne s'attend pas, il sera pourvu par de nouveaux titulaires au gouvernement des évêchés de la circonscription nouvelle de la manière suivante :

Avant la Révolution il y avait en France 136 sièges épiscopaux d'une importance très inégale. Certains, tels que le diocèse de Rouen qui comptait 1.388 paroisses, étaient d'une extrème étendue ; d'autres, comme les diocèses de Bethléem, Saint-Pons ou Saint-Paul-Trois-Châteaux n'avaient guère plus d'importance qu'un de nos cantons actuels. — Déjà, en 1790, le cardinal de Bernis avait présenté au Saint-Siège, au nom de Louis XVI, un projet de réduction du nombre des diocèses et une congrégation de cardinaux avait été nommée pour examiner ce projet ; mais le roi en signant la Constitution civile du clergé mit, par le fait même, un terme à cette négociation. Lorsque Bonaparte voulut reprendre l'idée de Louis XVI, qui d'ailleurs n'avait qu'obéi au vote de la Constituante, dont les membres ne voulaient qu'un évêché par département, il ne rencontra pas de sérieuses difficultés. Cependant les choses furent poussées à l'extrème, puisque le chiffre des diocèses fut réduit à 60, 50 évêchés et 10 archevêchés.

« Soixante-dix villes, dit le cardinal Mathieu, subirent de ce chef une déchéance morale et matérielle dont beaucoup ne se sont pas relevées. En effet, à chacun de ces sièges supprimés se rattachaient des souvenirs d'apostolat et de sainteté, des monuments, des établissements religieux de toute sorte qui donnaient à ces cités épiscopales une importance supérieure à celle de leur population et en faisaient autant de petites capitales intéressantes où se cachaient souvent des hommes d'un grand mérite. Les dignitaires du clergé séculier et régulier, quelques familles de gentilshommes pauvres et de bourgeois aisés, les gens de robe y faisaient une société aimable qui entretenait jusque dans les provinces les plus reculées les meilleures traditions de l'ancien régime, la politesse, le goût des lettres et le souci des pauvres. Tous ces petits foyers de vie intellectuelle et morale se sont éteints et le Concordat n'a fait que sanctionner les destructions déjà faites par la Révolution (1). » — Avec le cardinal Mathieu, il faut regretter tout le bien qui était le fruit de cette sage décentralisation, mais il faut surtout reprocher au premier Consul d'avoir fait des circonscriptions d'une telle étendue que le gouvernement en était pratiquement impossible ; tel ce diocèse de Nancy qui comprenait les trois départements de la Meurthe, de la Meuse et des Vosges. On s'aperçut plus tard de cette faute et l'on augmenta le nombre des évêchés ; c'est ainsi qu'en 1823 furent érigés trente sièges nouveaux. Mais le nombre des diocèses a toujours été augmenté en suivant la même procédure ; tous les évêchés ont été érigés de concert entre le pouvoir religieux et le pouvoir civil, de telle sorte que tous sont concordataires et que

(1) Card. Mathieu, *op. cit.*, p. 90.

les titulaires de ceux érigés en 1823, par exemple,
ont droit à leur traitement au même titre que les
titulaires des évéchés primitivement érigés (1).

Avant de faire la nouvelle circonscription des diocèses, il fallait que les anciens évèques donnassent
leur démission volontaire ; d'ailleurs, l'article 3 du
Concordat portait que le Pape considérerait comme
démissionnaires ceux qui ne donneraient pas cette
démission de bon gré. Il fallait aussi mettre un terme à
toute prétention de la part des anciens évèques constitutionnels. — Quatorze prélats français qui avaient
refusé leur serment à la Constitution civile du clergé,
réunis à Londres, déclarèrent le 27 septembre ne pouvoir consentir pour le moment et sans avoir été enten-
dus, au sacrifice demandé par le Souverain Pontife.
Vingt-six autres qui résidaient en Allemagne ou
ailleurs se prononcèrent dans le même sens le 28 octobre. Quelque temps après, le 21 janvier 1802, les prélats réfugiés en Angleterre décidaient d'adresser au
pape un nouveau refus et de protester formellement
« contre les atteintes qui avaient été ou qui seraient
ultérieurement portées aux droits du Roi Très Chrétien, leur souverain seigneur, droits que les lois
de l'Eglise commandaient au premier des Pontifes
de respecter religieusement et dont la défense était
pour des évèques français un devoir, rendu sacré
par des serments de fidélité dont aucune puissance
ne pouvait les délier et dont la violation serait un
attentat criminel ». — En conséquence de cette
déclaration de principes, le chef du groupe, Mgr de

(1) V. notre opuscule *Les traitements ecclésiastiques*,
Paris, Bloud, 1902 (Collection *Science et Religion*).

Dillon, archevèque de Narbonne, envoya au pape, le 28 mars, le célèbre *Mémoire des évêques français résidant à Londres qui n'ont pas donné leur démission,* mémoire qui reçut bientôt l'adhésion de dix-huit évêques français restés sur le continent (1). Finalement le nombre des évêques protestataires qui continuèrent ce que l'on appela le schisme de la *Petite Eglise* fut de trente-huit.

Quant aux évêques constitutionnels, le pape les fit inviter par le légat Caprara à rentrer dans l'unité catholique, à quitter des sièges qu'ils avaient occupés sans l'institution du siège apostolique et à faire acte de soumission au Saint-Siège en souscrivant une formule qui impliquait non seulement promesse d'obéissance pour l'avenir, mais adhésion aux jugements déjà portés par le Souverain Pontife sur les affaires ecclésiastiques de France. Les quatre cinquièmes environ des évêques constitutionnels donnèrent leur démission dès le mois d'octobre et les autres ne tardèrent pas à les imiter, mais cette démission fut souvent motivée par le désir de complaire au gouvernement, ou ne fut pas accompagnée de cette soumission au Saint-Siège, entière et nette, qui les eût réhabilités complètement aux yeux du pape et des fidèles (2).

Le pape, après avoir longuement hésité, s'était résolu à passer outre à toutes les protestations ; il le fit par la bulle *Qui Christi Domini.* Par cette bulle le pape déclara déroger au consentement des évêques qui avaient refusé de donner leur

----

(1) V. Boulay de la Meurthe, *op. cit.*, t. IV, p. 86, et t. V, p. 127.

(2) V. P. Rinieri, *La diplomatie pontificale,* p. 381, s.

démission, leur interdit tout acte de juridiction, anéantit les anciens diocèses existant en France, et les remplaça par soixante nouveaux sièges. Sur ce point, le plan de Bonaparte qu'avait jadis indiqué Martiniana, — *far caso vergine della Chiesa gallicana,* — était complètement réalisé.

ARTICLE 4. — *Le premier Consul de la République nommera dans les trois mois qui suivront la publication de la bulle de Sa Sainteté, aux Archevêchés et Évêchés de la circonscription nouvelle. Sa Sainteté conférera l'institution canonique suivant les formes établies par rapport à la France avant le changement de gouvernement.*

ARTICLE 5. — *Les nominations aux évêchés qui vaqueront dans la suite seront également faites par le premier Consul et l'institution canonique sera donnée par le Saint-Siège, en conformité avec l'article précédent.*

L'article 4, en tant qu'il règle une situation transitoire, n'a guère d'intérêt aujourd'hui. Mais en 1802 son exécution souleva de très nombreuses difficultés : le gouvernement français, pour calmer l'opposition du clergé constitutionnel et peut-être pour avoir dans le haut clergé un certain nombre d'hommes assez souples, prêts à se plier à toutes ses exigences, voulut absolument faire entrer dans la nouvelle organisation un certain nombre d'évêques intrus. Après de longues négociations, le cardinal Caprara céda, non sans avoir exigé néanmoins de ces évêques (1) une rétractation qui fut plus ou

(1) Ces évêques furent Lecoz et Primat, archevêques de Besançon et de Toulouse, Leblanc de Beaulieu, Belmas,

moins sincère et plus ou moins authentique (1).

Quant à l'article 5, il règle encore le mode de nomination de nos évêques. D'après cet article, le premier Consul, c'est-à-dire, aujourd'hui, le Président de la République, nomme les futurs évêques au Pape, mais c'est au Souverain Pontife seul qu'appartient le droit et le pouvoir de conférer l'institution canonique, de donner la juridiction. Si le sujet nommé ne lui paraît pas digne de l'épiscopat, le pape peut refuser l'institution canonique sans qu'il soit tenu de motiver son refus ; décider le contraire serait faire le pouvoir civil juge souverain des qualités requises pour occuper un siège épiscopal, ce qui est contraire évidemment aux droits de l'Eglise et à la pratique des siècles passés.

La théorie qui veut faire du pape un *collateur forcé* n'est pas nouvelle ; rajeunie en ces derniers temps, elle a été, semble-t-il, formulée pour la première fois après la signature du Concordat par Portalis : « Son Eminence n'ignore pas, disait Portalis à Caprara dans une note du 3 novembre 1801, qu'un collateur n'est point ce que serait un casuiste dans le tribunal secret de la pénitence et qu'il n'est juge que des capacités extérieures de l'ecclésiastique nommé. Son Eminence sait encore que, d'après les maximes de France, le Saint-Siège est le collateur forcé. »

Consalvi réfuta cette erreur dans une lettre qu'il

Berdolet, Saurine, Reymond, Bécherel, Perrier, Lacombe, Montault, Charrier de la Roche.

(1) V. Boulay de la Meurthe, t. V. — Reproduction du récit de Lacombe, d'abord publié dans les *Annales de la Religion.* — V. Séché, *Les Origines du Concordat,* p. 197, s.

écrivit à Cacault le 30 novembre 1801 : « Le Concordat de Léon X et de François Ier (auquel par ces mots : *suivant les formes établies avant le changement de gouvernement,* fait allusion l'article IV de la Convention), reconnait évidemment la liberté pour le pape de refuser l'institution canonique dans certains cas : il suffit de lire le titre III. Des exemples arrivés sous Innocent XI, Alexandre VIII et Innocent XII le prouvent. Plusieurs ecclésiastiques, qui prirent part à la déclaration du clergé de 1682, se virent refuser, tant par Innocent XI que par Alexandre VIII, les bulles d'institution. Innocent XII ne les accorda qu'après que ces ecclésiastiques eurent déclaré, dans leurs lettres écrites au pape, qu'ils tenaient pour non décrété ce qu'on avait pu croire décrété par ces assemblées contre la puissance ecclésiastique et l'autorité pontificale ; on peut voir combien cette déclaration spéciale est plus que la déclaration générale et bien adoucie, exigée des constitutionnels par Sa Sainteté. Dans tous les autres États où le gouvernement fait les nominations, on y reconnait au Pape le plein droit de ne pas donner l'institution aux sujets nommés qu'il jugerait indignes.

« ... La qualité de collateur forcé s'entend dans ce sens, que Sa Sainteté ne peut refuser l'institution canonique aux sujets nommés, *quand ils ne sont pas indignes de l'épiscopat.* La chose est évidente par elle-même (1)... Il est vrai que le pape n'est pas ce que serait un casuiste au tribunal de la pénitence, et qu'il n'est juge que de la capacité extérieure du

____

(1) V. Concile de Trente, Sess. VI. *De Reformatione,* c. 1 ; sess. XXIV, c. 1.

sujet nommé : mais, justement pour cela, on ne peut le forcer à instituer ceux qui, même extérieurement, sont reconnus indignes de l'épiscopat, à cause de leur conduite extérieure (1). » En pratique, jusqu'à ces derniers temps, avant de rendre publiques les nominations d'évêques, le gouvernement s'était toujours mis d'accord avec le Saint-Siège, qui ne pouvait dès lors que les ratifier. Tout le monde connaît le conflit récent suscité par le *nobis nominavit* et la rupture du gouvernement français avec la coutume antérieure, conforme aux traditions historiques et à l'esprit du Concordat ; ce conflit, malheureusement, n'a pas encore cessé (2).

ARTICLE 6. — *Les évêques, avant d'entrer en fonctions, prêteront directement, entre les mains du premier Consul, le serment de fidélité qui était en usage avant le changement de gouvernement, exprimé dans les termes suivants :*

« Je jure et promets à Dieu sur les saints Évangiles de garder obéissance et fidélité au gouvernement établi par la Constitution de la République française. Je promets aussi de n'avoir aucune intelligence, de n'assister à aucun conseil, de n'entretenir aucune ligue, soit au dedans, soit au dehors, qui soit contraire à la tranquillité publique,

(1) Consalvi à Cacault, 30 novembre 1801. Cette lettre du cardinal Consalvi se trouve, traduite en français, dans l'ouvrage d'Artaud, *Histoire de Pie VII*, I, 203.

(2) Il ne sera pas inutile de dire que M. Thiers, en 1871, avoua de bonne grâce que le pape n'est pas collateur forcé ; c'est-à-dire, et j'emploie ici ses expressions mêmes « que le gouvernement nomme les évêques, sauf le droit du pape d'accorder ou de refuser l'institution canonique ».

et si, dans mon diocèse ou ailleurs, j'apprends qu'il se trame quelque chose au préjudice de l'État, je le ferai savoir au gouvernement. »

ARTICLE 7. — *Les ecclésiastiques du second ordre prêteront le même serment entre les mains des autorités désignées par le gouvernement.*

La formalité de la prestation de serment prescrite par l'article 6 fut d'un usage constant sous l'ancien régime (1). Le serment devait être prêté au premier Consul et il devait en être dressé procès-verbal par le Secrétaire d'Etat.

Resté en usage pour les évêques jusqu'en 1870, on ne l'exigeait plus des autres ecclésiastiques dès la fin du second empire. Le décret du 10 septembre 1870 ayant relevé tous les fonctionnaires de leur serment et ayant aboli purement et simplement le serment politique, l'on n'appliqua plus, en pratique, l'article 6 du Concordat. Le garde des sceaux, dans une séance de la Chambre des députés du 25 novembre 1876 et le Conseil d'Etat, dans un arrêt du 28 avril 1883, ont reconnu expressément que l'abolition du serment s'étendait aux évêques, car les termes du décret de 1870 sont très généraux.

ARTICLE 8. — *La formule de prière suivante sera récitée à la fin de l'office divin, dans toutes les églises catholiques de France :*

> *Domine, salvam fac Rempublicam,*
> *Domine, salvos fac consules.*

(1) Remontrances du Parlement du 2 décembre 1761. **Recueil des libertés de l'Eglise gallicane,** par Durand de Maillane.

Il est inutile de dire que la seconde partie de la prière : « Seigneur, protégez les Consuls, » n'est plus en usage depuis longtemps ; elle n'a eu de sens et de valeur que sous le Consulat. Le 9 octobre 1875, sur la demande du ministre des affaires étrangères, les termes de la prière prévue en l'article 8 ont été modifiés ; ils ont pris la forme suivante, approuvée par le Saint-Siège : *Domine salvam fac Rempublicam et exaudi nos in die qua invocaverimus te* (1).

ARTICLE 9. — *Les évêques feront une nouvelle circonscription des paroisses de leurs diocèses, qui n'aura d'effet que d'après le consentement du gouvernement.*

On entend par *paroisse,* en droit canonique, une église distincte des autres, avec un peuple certain, renfermé dans des limites juridiquement fixées, et ayant un curé résident pour l'administrer *jure proprio ;* tel est aussi le sens qu'a le mot *paroisse* dans l'article 9. En ce qui concerne le nombre des paroisses, c'est bien aux évêques, semble-t-il, qu'il appartenait de le déterminer, sauf le consentement du pouvoir civil, et les évêques devaient se confor-

---

(1) On demanda, en 1857, à la Sacrée Congrégation des Rites comment ce verset devrait être chanté. La décision de la Sacrée Congrégation porte que le verset doit être chanté une fois par le célébrant et une fois par les fidèles. Le célébrant n'est pas tenu, la seconde fois, de s'associer au chant des fidèles ; il peut même, la première fois, être remplacé par le clergé ou par le chœur. Cette décision fut notifiée par une circulaire ministérielle du 26 décembre 1857 à tous les évêques et à tous les préfets. — V. Fédou, *Traité pratique de la police du culte* (10ᵉ édition), p. 282.

mer aux prescriptions du droit ecclésiastique, qui ordonne de faire la division des paroisses dès que les fidèles ne peuvent aisément se rendre à l'église paroissiale, par suite de la distance ou de la difficulté des chemins : à ce compte, il devait être établi en France quarante mille paroisses environ. C'est bien ainsi que le cardinal Caprara entendait les choses, lorsqu'il disait : « Il doit être fait dans tous les diocèses, par les nouveaux archevêques et évêques, une nouvelle circonscription des paroisses, que nous avons lieu d'espérer devoir suffire aux besoins spirituels et au nombre des fidèles de chaque diocèse, de manière qu'ils ne manquent ni du pain de la parole, ni du secours des sacrements, ni enfin de tous les moyens d'arriver au salut éternel. »

Tandis que l'article 9 du Concordat prévoyait dans la procédure à suivre pour l'érection des paroisses, *d'abord* une décision de l'évêque, *en second lieu*, le consentement du gouvernement, les articles 31 et 60 des Organiques déclarèrent qu'il n'y aurait *en principe* qu'une paroisse par justice de paix, et que l'on créerait un nombre suffisant de succursales, dont les titulaires devaient être les vicaires du curé de canton (1). « L'on voit, écrivait Portalis aux préfets, *que la circonscription des curés est proprement déterminée par la loi* et qu'on n'y a presque pas besoin du fait de l'homme, puisque le nombre des cures est déterminé par celui

(1) Article 60. — Il y aura au moins une paroisse dans chaque justice de paix. Il sera en outre établi autant de succursales que le besoin pourra l'exiger.

Article 31. — Les vicaires et desservants exercent leur ministère sous la surveillance et direction des curés. Ils seront approuvés par l'évêque et révocables par lui.

des justices de paix. Il est vrai que la loi suppose qu'on pourrait établir plus de cures qu'il n'y a de justices de paix, mais ce n'est là qu'une prévoyance qui ne pourrait se réaliser que dans les cas extraordinaires et dûment justifiés. » Il suffit de rapprocher les termes du Concordat : *Les évêques feront une nouvelle circonscription des paroisses de leurs diocèses...* de ceux de Portalis : *L'on voit que la circonscription des cures est proprement déterminée par la loi...* (1) » pour saisir la violation manifeste du Concordat dans les articles 31 et 60 des Organiques.

ARTICLE 10. — *Les évêques nommeront aux cures. Leur choix ne pourra tomber que sur des personnes agréées par le gouvernement.*

Les évêques ne doivent soumettre à l'agrément du gouvernement que la nomination des *curés*, par opposition à celle des *desservants*. En effet, les articles organiques, sans aucun accord préalable avec le Saint-Siège, ont divisé les paroisses en deux catégories : les *paroisses* proprement dites, à la tête desquelles sont les *curés* et dont les sièges sont habituellement situés dans les villes ou dans les chefs-lieux de canton, et les *succursales* administrées par les *desservants,* dont le siège est placé ordinairement dans les simples villages. Les curés sont inamovibles et agréés par le chef de l'Etat, les desservants sont amovibles ; ils peuvent être déplacés ou révoqués au gré de l'évêque.

(1) V. Archives du département de la Haute-Garonne, V² , 88.

ARTICLE 11. — *Les évêques pourront avoir un chapitre dans leur cathédrale et un séminaire pour leur diocèse sans que le gouvernement s'oblige à les doter.*

Les chapitres de chanoines avaient été fortement attaqués, sous l'ancien régime, par les parlementaires et les jansénistes, qui les estimaient des rouages inutiles ; aussi la Constitution civile du clergé les avait-elle abolis. L'article 11 du Concordat les rétablit en principe, sans que cependant le gouvernement s'oblige à fournir un traitement aux chanoines. Ce traitement leur fut accordé par un arrêté du 14 ventose an XI, qui le fixait à 1.000 francs (1), mais une loi du 22 mars 1885 l'a supprimé, il n'est acquis qu'aux chanoines nommés à cette dernière date et ne peut plus être accordé aux nouveaux titulaires. Il est fort regrettable que le pouvoir civil ait ainsi supprimé les traitements des chanoines par voie d'extinction ; une telle mesure prive d'un revenu modique, mais précieux, des prêtres, âgés, pour la plupart, recommandables par leurs vertus et par les services qu'ils ont rendus. A ces prêtres l'allocation du gouvernement procurait une honorable retraite pour leurs vieux jours, mais il faut reconnaitre qu'en droit strict le pouvoir civil pouvait agir comme il l'a fait et que les traitements supprimés n'étaient pas concordataires (2). Bien que l'Etat ne

(1) Un décret du 2 août 1858 avait fixé à 1.600 francs le traitement des chanoines de province et la loi de finances de 1883, à 2.400 francs celui des chanoines du diocèse de Paris.

(2) Par deux arrêts du 8 août 1892 et du 8 août 1896 le Conseil d'Etat a reconnu que les chanoines de Savoie et du

paye plus les chanoines titulaires, leur nomination doit cependant être agréée par le gouvernement (L. 18 germinal an X, article 35.)

L'article 11 permet encore de rétablir les séminaires, mais, ici comme pour les chapitres, le gouvernement ne s'engage pas à les doter. Les articles 23 à 26 de la loi du 18 germinal au X réglementèrent d'une manière sommaire l'organisation des séminaires ; plus tard une loi du 23 ventôse au XII ordonna l'établissement, *aux frais de l'Etat,* d'un séminaire par arrondissement métropolitain, mais cette loi, dans une large mesure, ne fut pas exécutée. Les évêques, qui y étaient autorisés par le Concordat, créèrent alors des séminaires diocésains dont le gouvernement consacra l'existence en créant à leur profit un certain nombre de bourses et de demi-bourses. De 1883 à 1885, le gouvernement a restreint d'abord et puis supprimé complètement toute assistance pécuniaire aux séminaires, qui d'ailleurs ont, en tant qu'établissements publics, la faculté d'acquérir et de posséder, conformément à la loi du 2 janvier 1817 et à l'ordonnance du 2 avril de la même année.

ARTICLE 12. — *Toutes les églises métropolitaines, cathédrales, paroissiales et autres non aliénées, nécessaires au culte, seront mises à la disposition des évêques.*

comté de Nice ont toujours droit à un traitement, en tant que propriétaires des *Cartelles* ou titres de rente qui leur avaient été remis par le gouvernement sarde en échange de leurs biens sécularisés. V. *Revue administrative du culte catholique,* 1897, p. 41.

Lorsque, en 1789, l'Eglise fut dépouillée de ses biens, l'Assemblée nationale décréta que tous les biens ecclésiastiques seraient mis à la disposition de la nation. On sait ce que signifiait cette *mise à la disposition* : les biens de l'Eglise furent vendus comme si l'Etat en eût été le légitime propriétaire. Lors donc que le Concordat remit les églises *à la disposition* des évêques, c'est-à-dire de l'Eglise catholique dont ils sont les représentants, il faut entendre qu'il lui en restitua la propriété. Sans doute ce droit de propriété ne pouvait reposer sur la personne des évêques, pas plus qu'il n'avait pu reposer sur la *nation,* être moral sans personnalité civile, mais les évêques apparaissent ici comme les mandataires, chargés par le Concordat, de disposer des églises au profit des paroisses dès que celles-ci seraient organisées.

Le Conseil d'Etat, s'appuyant surtout sur deux avis du Conseil d'Etat du 3 nivôse an XIII et du 2-6 pluviôse an XIII, ne veut voir dans les églises que des propriétés des communes (1). Or ces deux avis en disposant que les églises rendues au culte *ne peuvent cesser d'appartenir aux communes* (1ᵉʳ avis), *qu'elles doivent être considérées comme propriétés communales* (2ᵉ avis), n'ont voulu, suivant moi, qu'exclure l'Etat de toute prétention à la propriété des églises. Ainsi que je l'ai démontré ailleurs (2) par *biens communaux, propriétés com-*

---

(1) V. Fédou, *Mémoire à consulter sur la propriété des églises et des presbytères* (Paris, 1879).

(2) V. notre étude sur les paroisses anciennes et les paroisses nouvelles dans la *Revue catholique des Institutions et du Droit* (janvier 1904).

munales, on entendait, en l'an XIII, tous les biens qui faisaient partie du patrimoine des anciennes paroisses et des anciennes communautés d'habitants, qu'ils appartinssent aux communes ou aux fabriques. C'est ainsi qu'un rapport adressé au Conseil d'Etat par le ministre des finances, en l'an XIII, s'exprime ainsi : « Comme l'église de chaque fabrique en est nécessairement la propriété essentielle, on pourrait en inférer que cette église est véritablement une propriété communale. » Il ne faut donc rien induire en faveur des communes des deux avis de l'an XIII.

Contrairement à la jurisprudence, je considère que ce sont les paroisses qui sont devenues les propriétaires des églises restituées au culte. Je ne crois pas, en effet, que les paroisses soient de simples circonscriptions sans personnalité, je crois qu'elles peuvent posséder un patrimoine ; de même que sans texte spécial, la personnalité des communes dérive de celles des anciennes communautés d'habitants, de même la personnalité des paroisses actuelles dérive de celles des paroisses anciennes et a trouvé un organe de résurrection dans les fabriques, dont l'organisation, ébauchée en l'an X, fut achevée par le décret du 30 décembre 1809. Outre toutes les raisons historiques et juridiques développées dans notre article, déjà cité, de la *Revue Catholique des Institutions et du Droit,* cette conception paraît plus conforme à la nature des choses. Ne serait-il pas étrange qu'à la base de notre organisation catholique et à la place des anciennes unités religieuses très vivantes, il n'y eût que des cadres vides, des circonscriptions sans existence juridique où agiraient des fabriques n'ayant d'autre mission, au dire du Conseil d'Etat, que celle de réparer l'édifice matériel de l'église et de fournir l'autel de luminaire et d'encens. N'est-il pas plus raisonnable et plus conforme au droit et à l'histoire de voir à la base de cette organisation catholique des unités agissantes, à capacité large, pour assurer l'exercice du culte avec cette liberté que garantit aux catholiques l'article 1 du Concordat ?

Pourquoi donc le Concordat n'a-t-il pas clairement placé dans le domaine des paroisses les églises restituées au culte ? — Il nous semble que la chose était si naturelle qu'il a paru inutile aux négociateurs de l'indiquer plus clairement. « De quoi s'agissait-il à cette époque, dit M. Fédou, sinon de réorganiser le culte catholique en ressuscitant les paroisses ? Cette charge devait incomber aux évêques, nul autre qu'eux n'avait et ne pouvait avoir qualité pour opérer légalement cette résurrection si impatiemment attendue. Les évêques érigeront donc les paroisses (article 9 du Concordat) mais en les érigeant ils les doteront et le premier bien devant composer la dotation paroissiale sera évidemment l'église, mise dans ce but à la disposition de l'évêque.... Qu'est-ce que remettre un immeuble à la disposition de quelqu'un ? Est-ce seulement en accorder l'usage ? — Nullement : c'est l'abandonner pour en disposer ; or le droit de disposer devient un véritable droit de propriété, quand cet abandon se fait sans réserve. Les évêques ont reçu les églises dans ces conditions et ils en ont disposé, *à raison d'un édifice par cure ou succursale,* en faveur des paroisses : c'est donc à celles-ci que doit être attribuée la propriété (1). »

ARTICLE 13. — *Sa Sainteté, pour le bien de la paix et l'heureux rétablissement de la religion catholique, déclare que ni Elle, ni ses successeurs ne troubleront en aucune manière les acquéreurs des biens ecclésiastiques aliénés et qu'en conséquence la propriété de ces mêmes biens, les droits et revenus y attachés, demeureront incommutables entre leurs mains ou celles de leurs ayants cause.*

ARTICLE 14. — *Le gouvernement assurera un traitement convenable aux évêques et aux curés dont les diocèses et les cures seront compris dans la circonscription nouvelle.*

C'est une théorie traditionnelle que ces deux articles forment une sorte de traité synallagmatique, inséré dans le texte général du Concordat : le pape, d'un côté, s'engageait à considérer comme un fait accompli la confiscation des biens ecclésiastiques aliénés, et de l'autre, l'Etat, pour payer cette concession destinée à rassurer les consciences et à prévenir bien des conflits, promettait de donner aux ministres des cultes des traitements convenables ou mieux, suivant le texte latin du Concordat, *sustentationem quæ cujuscumque statum deceat.* — Telle n'est pas cependant l'opinion de certains jurisconsultes, notamment de MM. Macarel et Boulati-

(1) V. Fédou, *Mémoire à consulter sur la propriété des fabriques et des presbytères,* p. 165, s. — V. Gaudry *Législation des cultes,* II, 506.

gnier et de M. Ducrocq (1). — Les deux premiers
de ces auteurs rattachent l'article 13 du Concordat,
non à l'article 14 mais à l'article 12 : « Les biens
provenant du clergé, disent-ils, après avoir été mis
à la disposition de la nation par la loi des 2-4 novembre 1789, furent vendus comme les autres propriétés
nationales et cette vente continua jusqu'à ce que le
Concordat du 18 germinal an X eût stipulé par son
article 12 que toutes les églises métropolitaines,
cathédrales, paroissiales et autres non aliénées et
qui seraient nécessaires au culte, seraient remises à
la disposition des évêques. En échange de cette
concession du gouvernement français, le pape
Pie VII, pour le bien de la paix et l'heureux rétablissement de la religion catholique, déclara que,
ni lui ni ses successeurs ne troubleraient en aucune
manière les acquéreurs des biens ecclésiastiques
aliénés... » — Quant à M. Ducrocq, c'est à propos
de la suppression des traitements ecclésiastiques
qu'il nie que ceux-ci aient le caractère d'une dette
de la part de l'Etat : « Nous nous gardons bien, dit
M. Ducrocq, de croire que les suppressions de traitements ecclésiastiques ne sont pas possibles parce
que ces traitements auraient le caractère de restitu-
tion ou d'indemnité en raison de la nationalisation
des biens du clergé par les lois de la Révolution ;
cette prétention nous a toujours paru inadmissible.
La lettre de l'abbé Bernier, en date du 21 brumaire

(1) V. Macarel et Boulatignier, *De la fortune publique
en France et de son administration* (1838-1840), t. II,
p. 183 et 184, n° 421. — Ducrocq, *Cours de droit administratif et de législation française des finances* (1898),
t. III, p. 465, s.

an IX, au plénipotentiaire du Saint-Siège, montre combien le gouvernement français et ses plénipotentiaires étaient loin d'admettre l'idée d'une indemnité au clergé pour la vente des biens ecclésiastiques... Le rapprochement de l'article 14 du Concordat, relatif aux traitements des ministres du culte, et de l'article 13 est entièrement fortuit et sans portée. L'introduction au budget de l'Etat du budget du culte catholique n'a pas plus le caractère d'une dette nationale que celle du budget des cultes protestants. »

L'argumentation de MM. Macarel et Boulatignier repose sur une hypothèse absolument gratuite. Pour nous convaincre que l'intention des auteurs du Concordat, — intention qui doit fixer notre jugement en cette matière, —était bien de rattacher l'article 14, et non l'article 12, à l'article 13, nous n'avons qu'à parcourir la correspondance diplomatique qui a précédé la signature du Concordat.

Le 15 novembre 1800, Spina écrivait à l'abbé Bernier (1) : « Vous me dites que le bien de la paix, le repos de l'Etat et le rétablissement de la religion catholique au milieu de la France, dépendent essentiellement de la conservation des aliénations des biens ecclésiastiques... Puisque le rétablissement de la religion catholique en France comme dominante... dépend du sacrifice des biens ecclésiastiques déjà aliénés, je vous promets de la proposer à Sa Sainteté et je me flatte qu'Elle l'adoptera de la manière la plus convenable à son autorité apostolique.

« Mais Sa Sainteté, en faisant usage de toute son

______

(1) Boulay de la Meurthe, *op. cit.*, t. I, p. 127, s.

indulgence envers les acquéreurs des biens ecclésiastiques, vous conviendrez qu'elle ne doit en aucune manière perdre de vue les intérêts de la religion et la subsistance de ses ministres. Il faut donc
que le gouvernement assure la subsistance, non
seulement des évêques, mais encore des curés et de
tous les autres ministres inférieurs. Je ne doute pas
qu'il ne le fasse d'une manière digne de sa généro-
sité, etc... »

Pour connaître les intentions du pouvoir civil à
cet endroit, il suffit de lire le projet de convention
remis à Mgr Spina, le 14 janvier 1801. L'article 1er
du titre VII (1) était ainsi conçu : « La République
accorde aux titulaires des évêchés et des cures le
traitement annuel qui leur fut accordé par les
décrets de l'Assemblée constituante des 24 juillet,
3, 6, 11 août 1790. » Le titre VIII portait dans son
article unique : « Le Saint-Siège reconnaît les aliénations des domaines ecclésiastiques faites en vertu
des lois de la République et la propriété incom-
mutable de ces domaines dans les mains des
acquéreurs ; il interdit tant aux ecclésiastiques
qu'aux fidèles, toute réclamation sur cet objet. »
Ces deux dispositions constituent en somme les
articles 14 et 13 du futur Concordat. Or Bernier, le
26 février, rédigeait une note sur ce projet, note
destinée à Mgr Spina et disait dans son commentaire des titres VII et VIII (2) :

« Le gouvernement se persuade *que ces deux
titres qui semblent n'en faire qu'un* et qui ont pour

(1) Boulay de la Meurthe, *op. cit.*, p. 281 et 282, t. I.
(2) Boulay de la Meurthe, *op. cit.*, t. I, p. 313 et 314.

objet, l'un le traitement du clergé gallican, l'autre la ratification de l'aliénation des biens ecclésiastiques n'éprouveront aucune difficulté. » Les vues du gouvernement en rapprochant les dispositions de l'article 13 de celles de l'article 14 étaient donc les mêmes que celles du Souverain Pontife ; de part et d'autre on considérait les traitements ecclésiastiques comme une compensation équitable de l'abandon de droits consenti par le Saint-Siège.

Le gouvernement français ne changea de manière de voir jusqu'au jour de la signature ; ce qui le démontre c'est le fait suivant : le 8 ou le 9 juillet 1801, une semaine avant la signature définitive du Concordat, le cardinal Consalvi refit, d'accord avec Bernier, une troisième et dernière version de son contre-projet. Or, le 11 juillet, Bernier présentait un rapport sur ce document et commentait ainsi les deux dispositions qui nous intéressent et qui sont devenues les articles 13 et 14 du Concordat : « Article 2 (du titre V) (1). Le contenu de cet article renferme tout ce que l'on peut désirer. Le pape ne peut ni ne doit dire : Je renonce à tel bien ; ce bien ne lui appartenait pas, il ne l'administrait pas. L'Eglise gallicane le possédait et l'administrait seule, d'après nos libertés : ce serait donc elle seule qui

____

(1) V. *Boulay de la Meurthe, op. cit.*, t. III, p. 191, 192. Sur le caractère d'indemnité des traitements ecclésiastiques, v. Gauwain, *Conclusions*, C. E. 1" février 1889, *Sailhol* ; Reverchon, *De la suppression des traitements ecclésiastiques ou civils par mesure administrative* ; Wable, *De la suppression par mesure disciplinaire du traitement des évêques* (1898) ; Chante-Grellet et Pichat, *Répertoire* de Béquet, V. *Fonctionnaire*, n° 78, s. ; Lucien Crouzil, *Les traitements ecclésiastiques* (1903), etc.

pourrait employer le mot *renonciation*. Le pape peut et doit seulement dire qu'il ne troublera pas ; qu'il s'engage pour ses successeurs à ne pas inquiéter ; que la propriété de la chose, les droits et revenus y attachés seront incommutables. Voilà ce qui convient à son titre et la seule chose qu'on puisse désirer. » Et dans son commentaire de l'article 3 du même titre, Bernier poursuit : « Cet article est la *compensation naturelle* de celui qui précède. Il est admis tel que l'on a proposé et ne peut par là même éprouver d'obstacle. » Comment dire, dès lors que l'article 13 se rattache à l'article 12 et non à l'article 14 ?

Comment dire aussi, avec M. Ducrocq, que le rapprochement des articles 13 et 14 du Concordat est « purement fortuit et sans portée » ? M. Ducrocq allègue, il est vrai, une lettre de Bernier à Mgr Spina, en date du 21 brumaire an IX, mais cet argument est sans valeur. Si l'on veut bien lire cette lettre dans le premier volume des documents publiés par M. Boulay de la Meurthe, l'on verra qu'il y a dans cette lettre uniquement un exposé des raisons qui peuvent déterminer le Pape à confirmer les ventes nationales de biens ecclésiastiques ; sans doute il n'y est pas parlé des traitements qui compenseront le sacrifice proposé au Pape, mais que peut-on induire de ce silence ? Absolument rien, car la question des biens ecclésiastiques aliénés et celle des traitements du clergé, pour être indissolublement rattachées l'une à l'autre dans le Concordat, n'en sont pas moins deux questions tout à fait distinctes qui ont pu, dans certains documents, être traitées indépendamment l'une de l'autre. Ceci d'autant mieux que la question des traitements se posait en toute hypothèse, et que, même dans le cas où le Pape n'eût pas voulu fermer les yeux sur les aliénations accomplies, le gouvernement eût été obligé, pour rétablir le culte, de subvenir aux besoins de ses ministres ; les deux questions s'étant présentées comme distinctes au début, il n'est pas étonnant qu'elles aient été traitées séparément l'une de l'autre, lors des premières négociations. Il nous semble donc établi par la correspondance diplomatique qui a précédé le Concordat que les traitements ecclésiastiques constituaient aux yeux de l'Etat, comme aux yeux de l'Eglise, une véritable dette ; dette à laquelle le gouvernement est toujours tenu et dont il ne peut s'exonérer par sa seule volonté.

ARTICLE 15. — *Le gouvernement prendra également des mesures pour que les catholiques français puissent, s'ils le veulent, faire en faveur des églises des fondations.*

On entend par fondation une donation entre vifs ou une disposition testamentaire, faite dans l'intérêt d'un établissement ou d'un service public, à la charge d'accomplir certaines prestations particulières (1) ;

(1) « Ce n'est pas là, fait remarquer M. Hauriou (*Précis de droit administratif et de droit public général*, 5ᵉ édition, p. 128) la véritable fondation. Celle-ci suppose un bien donné entre vifs ou laissé par dernière volonté en vue d'une œuvre à organiser et devenant le *substratum* d'une personnalité morale nouvelle qui s'identifie avec cette œuvre. La fondation ainsi comprise semble être une création de l'Eglise chrétienne, elle apparaît dans la législation du Bas-Empire sous le nom de *pia opera*, dont nous

telle est par exemple la libéralité laissée à la fabrique à charge de célébrer tant de messes. Dans un sens plus large on entend encore par fondation une libéralité laissée à une personne morale préexistante et destinée à mieux assurer, d'une manière permanente, le service dont elle est chargée.

Il a été donné un semblant de satisfaction à cette disposition de l'article 15 par la réorganisation des fabriques et des menses auxquelles l'on peut faire des donations ou des legs : l'article 73 des Organiques permettait en effet de faire des fondations pour l'entretien des ministres et l'exercice du culte, mais en disposant que les sommes données ne pourraient consister qu'en rentes sur l'Etat. La loi du 2 janvier 1817 a été plus large en permettant aux établissements ecclésiastiques de recevoir, sous certaines conditions, non seulement des rentes, mais toutes sortes de biens meubles ou immeubles qui lui seraient donnés par actes entre vifs ou de dernière volonté (1).

avons fait *œuvres pies*. Elle a existé en France pendant toute la durée de notre ancien droit et s'est conservée dans certains pays étrangers, notamment en Allemagne, sous le nom de *Stiftung*. »

(1) Loi du 2 janvier 1817. — Art. 1er. — Tout établissement ecclésiastique reconnu par la loi pourra accepter, avec l'autorisation du roi, tous les biens, meubles, immeubles ou rentes, qui lui seront donnés par actes entre vifs ou par actes de dernière volonté.

Art. 2. — Tout établissement ecclésiastique reconnu par la loi pourra également, avec l'autorisation du roi, acquérir des biens immeubles ou des rentes.

Art. 3. — Les immeubles ou rentes appartenant à un établissement ecclésiastique seront possédés à perpétuité par le dit établissement et seront inaliénables, à moins que l'aliénation n'en soit autorisée par le roi.

Malgré les termes très larges de la loi du 2 janvier 1817, l'on peut dire que, nonobstant l'article 15 du Concordat, la liberté des fondations n'existe pas pleinement en France. Cette liberté est gênée en effet par le principe de notre droit public, d'après lequel la personnalité civile est une concession de la loi et n'appartient à un établissement qu'autant que cet établissement a obtenu d'elle une reconnaissance officielle. Pour nous, au contraire, toute personne morale a droit à la personnalité, de même que toute personne physique née vivante et viable, dès qu'elle existe en fait et possède une organisation régulière ; l'Etat doit se borner à enregistrer cette naissance. Il faut reconnaître que cette théorie ne sera pas adoptée de longtemps par le gouvernement.

La liberté des fondations est encore gênée par le principe de la spécialité, érigé en dogme par le Conseil d'Etat. Le Conseil d'Etat s'est imposé de ne pas donner d'avis favorable à des projets de décrets d'autorisation, lorsque les libéralités sont grevées de charges qui tendraient à faire sortir les établissements gratifiés de leur spécialité fonctionnelle : or l'administration a déterminé cette spécialité d'une façon trop étroite. C'est ainsi que la vocation charitable, la capacité de recevoir des dons et legs pour les pauvres, a été déniée aux fabriques, alors qu'il est historiquement démontré que le secours des pauvres est dans leur rôle traditionnel et qu'il est juridiquement établi que le décret du 30 décembre 1809 leur donne le droit de recevoir des aumônes *pour les pauvres* et non pour les frais du culte (1). C'est ainsi encore que l'administration a considéré les menses curiales et épiscopales comme uniquement destinées à fournir des revenus personnels aux titulaires des cures, succursales ou évêchés et les a regardées comme incapables de recevoir des libéralités faites en vue de la fondation ou de l'entretien d'une école.

L'application des deux principes exposés empêche l'exécution intégrale de l'article 15 du Concordat, qui, revenant sur les prohibitions des lois du 13-14 brumaire an II et 3 ventôse an III, qui suivirent la vente des biens ecclésiastiques, avait eu pour but de permettre à l'Eglise catholique, rétablie en France, de recevoir des libéralités en faveur de ses établissements et de reconstituer librement sa dotation détruite pendant la Révolution (2).

ARTICLE 16. — *Sa Sainteté reconnaît dans le premier Consul de la République française les mêmes droits et prérogatives dont jouissait près d'Elle l'ancien gouvernement.*

Voici l'indication de ces principaux droits : Le pape donnait officiellement au roi le titre de roi très chrétien. Celui-ci entretenait à Rome un ambassadeur qui protégeait d'importantes fondations françaises, entre autres une Académie des Beaux-Arts qui se composait d'un directeur et de douze élèves pensionnaires.

(1) V. *Revue catholique des Institutions et du Droit* (janvier 1904), article sur les *paroisses anciennes et les paroisses nouvelles.*

(2) V. Guyot de Preignan, *Le droit de propriété et le temporel de l'Eglise au XIXe siècle,* p. 318.

Le roi nommait un cardinal à chaque promotion des couronnes et un auditeur français de Rote ; il avait le droit d'assister aux conciles œcuméniques, et celui d'exclure de la papauté les cardinaux dont il ne voulait pas.

Comme privilèges personnels, les rois de France avaient le droit de l'autel portatif et une chapelle exempte de la juridiction de l'Ordinaire, ils pouvaient être absous par leur confesseur des cas réservés au pape, il leur était permis d'entrer avec quelques personnes dans tous les monastères, ils ne pouvaient être excommuniés sans autorisation du Saint-Siège, ils étaient de droit membres du chapitre de Saint-Jean de Latran, etc., etc. (1).

On peut discuter sur le point de savoir si les privilèges personnels des rois de France ont été transmis au chef de l'Etat actuel, et cette question n'a d'ailleurs qu'un intérêt théorique. Il semble qu'il faille

______

(1) Ce privilège fut concédé à Henri IV pour le remercier du don qu'il avait fait à Saint-Jean de Latran de l'abbaye de Clairac en Languedoc. Quoique dépouillé de l'abbaye, le chapitre a maintenu le titre et une fois par an, à la Noël, il écrit au Président de la République qui répond par une lettre transmise par l'ambassade. V. Card. Mathieu, *op. cit.*, p. 321 et 322.

V. l'ouvrage intitulé : *Privilèges accordés à la Couronne de France par le Saint-Siège* (Collection des *Documents inédits sur l'histoire de France*, Imprimerie nationale, 1855). On y lit qu'en vertu d'une lettre d'Alexandre IV du 29 avril 1225, le chef de l'Etat peut communiquer avec des excommuniés sans encourir l'excommunication, qu'en vertu d'une bulle de Clément V (4 janvier 1306) le roi gagnait un an d'indulgence chaque fois qu'il assistait à un sermon et faisait gagner la même indulgence à tous ceux qui, dans l'auditoire, étaient en état de grâce. Une bulle de la même date permettait au roi d'ordonner que son corps, divisé en plusieurs parties, serait enseveli dans une ou plusieurs églises de son choix.

répondre par la négative, car ce qui est transmis au premier Consul, c'est l'ensemble des droits reconnus à l'*ancien gouvernement* et dont celui-ci jouissait *près de Sa Sainteté*, c'est-à-dire en cour romaine. Le maintien du titre de chanoine de Saint-Jean de Latran au profit du Président de la République ne saurait donc être qu'une affaire de pure courtoisie de la part du chapitre de l'insigne basilique.

Le Conseil d'Etat a voulu justifier les suppressions des traitements ecclésiastiques, en invoquant l'article 16 (1). Parmi les droits et prérogatives qui se sont transmis au nouveau gouvernement, il faut compter, a dit le Conseil d'État, le droit de saisir le temporel des évêques et des curés, droit depuis longtemps reconnu aux rois de France. A cette affirmation, l'on doit répondre que les rois de France, il est vrai, ont effectué des saisies de traitements ecclésiastiques, mais que ces saisies n'ont jamais été pleinement arbitraires et que jamais le Saint-Siège n'a approuvé ou reconnu cet abus ; qu'à aucun titre, par conséquent, le gouvernement actuel ne saurait se prévaloir d'un droit dérivant de l'article 16 du Concordat, pour supprimer les traitements ecclésiastiques.

ARTICLE 17. — *Il est convenu entre les parties coutractantes que dans le cas où quelqu'un des successeurs du premier Consul actuel ne serait pas catholique, les droits et prérogatives mentionnés dans l'article ci-dessus et la nomination aux évéchés, seront réglés par rapport à lui, par une nouvelle convention.*

(1) Avis du Conseil d'Etat du 27 avril 1883.

« Vous n'ignorez pas, monsieur, écrivait Mgr Spina à Bernier au début des négociations, que le privilège de nommer aux évêchés indiquant une espèce de patronat, n'a jamais été accordé par le Saint-Siège qu'aux souverains catholiques d'une nation également catholique ; de manière que si le souverain d'une nation ou d'une province n'est pas catholique, quoique la religion catholique de la nation par lui dominée soit dominante, jamais on n'a accordé au souverain le droit de nommer aux évêchés. Par cette raison, ni le roi de Prusse, ni l'empereur de Russie ne jouissent du droit de nommer aux évêchés dans ces Etats, quoiqu'une partie professe la religion catholique ; ni le roi d'Angleterre n'a le droit de les nommer dans ses Etats, même dans le Canada, où, d'après la cession faite à l'Angleterre de cette province, la religion catholique y a été conservée toujours dominante.

« D'après cette remarque, vous conviendrez que Sa Sainteté, pour ce qui regarde la nomination aux évêchés, pourra bien avoir tous les égards à la personne du premier Consul Bonaparte, comme à celui à qui l'on devra le rétablissement de la religion catholique en France ; mais il ne pourra pas accorder ce privilège de la nomination à tous ceux qui, successivement occuperont sa place, à moins que l'on n'établisse que, constitutionnellement et essentiellement, cette place soit toujours occupée par des catholiques. Remarquez bien que ce n'est pas à la personne, c'est à la dignité que l'on accorde le privilège de nommer aux évêchés et que par conséquent il ne suffit pas que la personne qui en est revêtue soit catholique, mais il faut qu'à la dignité même soit attachée essentiellement et constitutionnellement, la qualification de catholique, de manière que les seuls catholiques puissent en être revêtus. »

On n'attacha pas la qualification de catholique, *constitutionnellement*, à la dignité de chef de l'Etat, mais ainsi qu'on l'a vu dans le préambule, le Saint-Siège prit acte officiellement de la profession de catholicisme des Consuls pour accorder au chef du pouvoir exécutif le droit de nomination des évêques. Comme le Saint-Siège manifestait des craintes pour l'avenir, Bonaparte répondit que jamais en France, le souverain ne pouvait être autre chose que catholique, et Rome admit, sur l'insistance de Consalvi, l'article 17.

Jamais l'occasion ne s'est présentée, en France, de faire usage de cet article puisque tous les chefs de l'Etat, depuis la Révolution, ont été catholiques, mais elle s'est produite dans les Pays-Bas où le Concordat fut appliqué aux provinces belges. Lorsque le prince-souverain des Pays-Bas, qui était calviniste, devint le maître de ces provinces en 1814, l'article 17 trouva son application. Des négociations furent entamées, qui aboutirent à la conclusion d'un nouveau Concordat, le 18 juin 1827. D'après ce Concordat, les élections épiscopales devaient être faites par les chapitres, mais le roi pouvait écarter, parmi les candidats, ceux qui ne lui seraient pas agréables (1).

(1) V. Giulio Gagliani, *Droit ecclésiastique civil belge* (Bruxelles, 1903), p. 72-73. — *Pasinomie,* 2ᵉ série, t. IX, p. 70 et 73.

CONCLUSION

Tels sont l'histoire résumée et le commentaire très bref du Concordat de 1801, œuvre entreprise par Pie VII et Bonaparte dans le but de pacifier la France et de donner enfin la tranquillité aux consciences longtemps troublées par l'impiété de la Révolution.

Quelle ne fut pas la surprise de la Cour Romaine, lorsque, le 18 germinal an X, parurent au *Bulletin officiel* sous le titre de *Lois du Concordat*, les 17 articles de la Convention de Messidor et 77 autres articles, dits *Organiques,* rédigés sans aucune participation du Pape et même à son insu. Les cardinaux chargés des affaires ecclésiastiques de France, après avoir examiné attentivement les Articles organiques, furent unanimes à dire qu'ils méritaient le blâme absolu du Saint-Siège.

Aussi Pie VII, dans le Consistoire du 24 mai 1803, protesta-t-il contre cette grave violation de la parole donnée, contre cet attentat aux droits imprescriptibles de l'Eglise. Le 25 mai, le cardinal Consalvi écrivait, par ordre du Pape, à Cacault pour se plaindre à ce sujet et le 27 du même mois Pie VII écrivait à Bonaparte : « Nous vous supplions très instamment que les *Articles organiques qui nous étaient inconnus,* reçoivent les modifications nécessaires. » D'où l'on peut voir que l'Eglise, dès le début, ne voulut pas et ne put pas reconnaître la légalité d'un texte de loi, contre lequel d'ailleurs elle n'a jamais cessé de protester.

Les Articles organiques violaient en effet les principes les plus élémentaires du droit canonique (1).

C'est ainsi que désormais les expéditions de la Cour de Rome ne pouvaient être reçues ou publiées en France sans l'autorisation du gouvernement, qu'aucun concile et aucun synode ne pouvaient se tenir sans l'autorisation du pouvoir exécutif (article 4) ; qu'il était interdit aux évêques de sortir de leurs diocèses sans la permission du premier Consul (article 20); que les professeurs des séminaires devaient souscrire à la fameuse déclaration de 1682, manifestement schismatique ; qu'il était défendu aux évêques d'ordonner aucun ecclésiastique s'il ne justifiait d'une propriété produisant au moins un revenu de 300 francs et de dépasser jamais, dans les ordinations, le nombre des prêtres agréé par le gouvernement (article 26). C'est ainsi que l'article 32 interdisait d'employer aucun étranger dans les fonctions ecclésiastiques sans l'autorisation du gouvernement, que l'article 43 prescrivait pour les ecclésiastiques l'habit noir à la française, que l'ouverture d'une simple chapelle domestique, sans autorisation donnée par décret, était défendue, etc., etc...

De plus, les Articles organiques violaient le Concordat lui-même. Etait-ce assurer la liberté du

____

(1) V. E. Ollivier. *Le Concordat est-il respecté ?* (1883).

culte, promise par l'article 1ᵉʳ, que d'interdire les cérémonies extérieures du culte dans bon nombre de villes, d'empêcher les évêques et les prêtres de se concerter pour le bien de la religion dans les conciles ou synodes ? Etait-ce respecter l'article 9, qui attribuait aux évêques le soin de faire une nouvelle circonscription des paroisses, que de décider (article organique 60) qu'il n'y aurait en principe qu'*une* paroisse par justice de paix ? Etait-ce respecter l'esprit du Concordat que d'imposer aux maitres du jeune clergé une profession de foi schismatique ?

Voilà pourquoi les Souverains Pontifes, les évêques et les fidèles ont toujours considéré la promulgation des Organiques comme une violation du Concordat, et le gouvernement lui-même semble bien penser un peu ainsi, puisqu'il a laissé tomber en désuétude plusieurs d'entre eux : il sait bien que vouloir les appliquer ou les faire revivre, ce serait ressusciter en même temps tous les troubles et tous les conflits que le Concordat a voulu apaiser.

Le Concordat de 1801 durera-t-il longtemps encore ? — Nous ne sommes pas prophète ; c'est un secret de l'avenir. Il serait, certes, à désirer que beaucoup de difficultés qui embarrassent les rapports du gouvernement français et du Saint-Siège, notamment au sujet des Congrégations religieuses, de la suppression des traitements ecclésiastiques, de la nomination des évêques, fussent résolues par une entente nouvelle, par une sorte de supplément au Concordat actuel. Mais il faut bien reconnaitre, qu'à l'heure présente, un pareil souhait est chimérique et bien loin, sans doute, d'être réalisé.

Le vent souffle plutôt, du moins dans certains milieux, à la séparation de l'Eglise et de l'Etat, à la dénonciation du Concordat, et ceci est également chimérique. — La séparation de l'Eglise et de l'Etat est possible dans des pays, comme les Etats-Unis et les Etats scandinaves, où l'Eglise s'est organisée peu à peu, indépendamment de l'Etat, et a grandi insensiblement, sans être aidée par des privilèges, mais sous un régime de liberté et de bienveillance. Il n'en saurait être ainsi en France où les deux puissances ont été intimement unies pendant dix siècles, mais où le divorce prononcé entre elles en 1789 a semé mille méfiances et étouffé l'esprit de liberté dans l'âpreté de luttes religieuses et sociales sans cesse renaissantes.

En cas de séparation, il ne faudrait, dès lors, pas compter sur la liberté pour l'Eglise ; des projets de loi récents et en particulier celui de M. de Pressensé, nous en avertissent. Nous ne gagnerions rien et nous perdrions presque tout : on nous enlèverait les églises, les presbytères, on entraverait par une loi de police draconienne la liberté du clergé et l'exercice du culte... Mais ce serait alors une guerre déclarée, l'hostilité déchaînée, la violence faite à l'âme du peuple, comme il y a cent ans, jusqu'au jour où le besoin se faisant sentir de faire cesser cet état anormal, les deux parties, l'Eglise et l'Etat, se retrouveraient de nouveau en présence, obligés de transiger par un concordat qui serait peut-être l'exacte copie de l'ancien.

Puisse donc le Concordat actuel être maintenu, mais libéralement appliqué, dans cet esprit de pacification et de concorde qui animait ses auteurs.

Suivant la parole du grand Pontife qui vient de mourir, « nous ne demandons que la liberté, qui nous suffirait à renouveler la face des choses (1). » Or, cette liberté, il ne faut pas l'oublier, nous est garantie par ces paroles de l'article 1er du Concordat : *La Religion catholique, apostolique et romaine sera librement exercée en France.*

(1) Paroles de S. S. Léon XIII à Mgr Rumeau, évêque d'Angers, rapportées par le journal *l'Univers*, du 27 mars 1900.

TABLE DES MATIÈRES

133-04. — Imp. des Orph.-App. F. Blétit, 40, rue La Fontaine, Paris.

BIBLIOTHEQUE

NATIONALE

CHATEAU

de

SABLE

1992

www.ingramcontent.com/pod-product-compliance
Lightning Source LLC
Chambersburg PA
CBHW051613060726
47597CB00004B/1269